BEI GRIN MACHT SICH IHR
WISSEN BEZAHLT

Bibliografische Information der Deutschen Nationalbibliothek:

Die Deutsche Bibliothek verzeichnet diese Publikation in der Deutschen National-
bibliografie; detaillierte bibliografische Daten sind im Internet über http://dnb.d-
nb.de/ abrufbar.

Impressum:

Copyright © 2016 GRIN Verlag, Open Publishing GmbH
Druck und Bindung: Books on Demand GmbH, Norderstedt Germany
ISBN: 9783668355231

Dieses Buch bei GRIN:

http://www.grin.com/de/e-book/345407/kryptografie-algorithmen-zur-verschlues-
selung-rijndael-aes-und-twofish

Jonas El-Sirwy

Kryptografie. Algorithmen zur Verschlüsselung Rijndael (AES) und Twofish im Vergleich

GRIN Verlag

GRIN - Your knowledge has value

Der GRIN Verlag publiziert seit 1998 wissenschaftliche Arbeiten von Studenten, Hochschullehrern und anderen Akademikern als eBook und gedrucktes Buch. Die Verlagswebsite www.grin.com ist die ideale Plattform zur Veröffentlichung von Hausarbeiten, Abschlussarbeiten, wissenschaftlichen Aufsätzen, Dissertationen und Fachbüchern.

Besuchen Sie uns im Internet:

http://www.grin.com/

http://www.facebook.com/grincom

http://www.twitter.com/grin_com

Karl-Friedrich-Schinkel-Gymnasium
Käthe-Kollwitz-Straße 2
16816 Neuruppin

Facharbeit
im Wahlpflichtfach
Informatik

Kryptografie - Algorithmen zur Verschlüsselung
Rijndael (AES) und Twofish im Vergleich

Verfasser: Jonas El-Sirwy
Schuljahr: 2015/2016
Abgabedatum: 12.Februar.2016

Inhaltsverzeichnis

Abbildungsverzeichnis

1. Einleitung - Kryptografie

Was ist Kryptografie eigentlich? Kryptografie ist sehr alt und wird schon seit tausenden von Jahren angewendet. Derzeitig stammt die nachweislich erste Kryptografie überhaupt von den alten Ägyptern, welche spezielle Hieroglyphen in einem Grab verwendeten. Kryptografie leitet sich von dem alt griechischen Wort „κρυπτός" [kryptós] ab und steht für „verborgen" oder „geheim" und darum geht es bei der Kryptografie, Nachrichten bzw. Informationen sollen verschlüsselt werden. Um jedoch die beiden Algorithmen, welche zur modernen Kryptografie zählen, und um die es in diesem Dokument gehen soll, besser verstehen zu können, müssen erst grundlegende Verfahren der Verschlüsselung bekannt sein. Diese werden im Folgenden erläutert.

2. Grundlegende Verschlüsselungsverfahren

2.1 Summenverfahren

Bei diesem Verfahren wird der Schlüssel zum Klartext addiert. Von der so entstandenen Chiffre gelangt man zurück zum Klartext, indem man den Schlüssel subtrahiert. Zum Bsp.:

Verschlüsselung:

$$37528$$
$$+ \ 160101$$
$$197629$$

Bei der Verschlüsselung wird zum Klartext „37528" der Schlüssel „160101" addiert. „197629" ergibt sich als Chiffre.

Entschlüsselung:

$$197629$$
$$- \ 160101$$
$$37528$$

Bei der Entschlüsselung wird von der Chiffre „197629" der Schlüssel „160101" subtrahiert und es ergibt sich der Klartext „37528".

Da aber oft Zeichenketten und nicht Zahlen alleine verschlüsselt werden sollen, gestaltet sich die Anwendung dieses Verfahrens eher schwierig. Wie addiert bzw. subtrahiert man Buchstaben oder Zeichenketten miteinander? Zeichenketten besitzen eine viel komplexere Struktur als einfache Zahlen. Man muss also zuerst jedes einzelne Zeichen der Zeichenkette in eine Zahl umwandeln. Nach der Verschlüsselung kann die Chiffre, welche ausschließlich aus Zahlen besteht, wieder in Buchstaben umgewandelt werden. Nun kann es aber vorkommen, dass die Chiffre Zahlen enthält, welche größer bzw. kleiner als die Zahl wären, welche dem letzten bzw. ersten Zeichen entspräche. Sollte dies der Fall sein, so beginnt man von vorne und zählt so weit, wie die Zahl der Chiffre größer bzw. kleiner als die Zahl ist welche dem letzten oder ersten Zeichen entspricht.

Demnach entspräche im folgenden Beispiel die chiffrierte Zahl 28, der Zahl 01 und wäre damit wieder ein „A" bzw. die chiffrierte Zahl -2, welche wieder dem „Z" entsprechen würde.

Außerdem ist der Schlüssel nicht immer zwingend genau so groß bzw. größer als der Klartext. Sollte der Schlüssel kleiner als der Klartext sein, so muss er so oft wiederholend an sich selbst gereiht werden, bis er mindestens genau so groß ist wie der zu verschlüsselnde Klartext.

Im folgenden Beispiel wird ausschließlich ein einfacher Text ohne Sonderzeichen verschlüsselt. Er besteht demnach lediglich aus Buchstaben. Es wird davon ausgegangen, dass jeder Buchstabe in die nach seiner Stellung im Alphabet entsprechende Zahl übersetzt wird. Die Zahlen 01 - 26 sind demnach mit den Buchstaben des Alphabets belegt, 27 entspricht in diesem Beispiel dem Leerzeichen. Zum Bsp.:

Verschlüsselung:

    AD ASTRA → 01 03 27 01 19 20 18 01
                + 20 09 20 01 14 20 09 20 → TITANTIT
    ULTBFM U ← 21 12 47 02 33 40 27 21

Der Schlüssel „TITAN" muss um 3 Stellen erweitert werden, es ergibt sich:

„TITANTIT" (20 09 20 01 14 20 09 20) danach wird er zu „AD ASTRA" (01 03 27 01 19 20 18 01) addiert und es ergibt sich als Chiffre „ULTBFM U" (21 12 47 02 33 40 27 21), wobei die Summe Zahlen enthält, welche größer als 27 sind demnach muss die Chiffre angepasst werden, wenn sie wieder in einen Text übersetzt werden soll → (21 12 20 02 06 13 27 21)

Entschlüsselung:

ULTBFM U → 21 12 20 02 06 13 27 21

$\qquad$ - 20 09 20 01 14 20 09 20 → TITANTIT

AD ASTRA ← 01 03 00 01 08 07 18 01

Von der Chiffre „ULTBFM U" (21 12 20 02 06 13 27 21) wird der Schlüssel „TITANTIT" (20 09 20 01 14 20 09 20) subtrahiert und es entsteht der Klartext „AD ASTRA" (01 03 00 01 -08 -07 18 01→01 03 27 01 19 20 18 01)

Bei langen Zeichenketten ist dies jedoch ineffizient, da sich schnell sehr große Zahlen bilden, welche die Rechenzeit enorm steigern würden.

2.2   Permutationsverfahren

Auch das Permutationsverfahren kann zur Verschlüsselung verwendet werden. Aber was bedeutet der Begriff Permutation eigentlich? Permutation leitet sich von dem lateinischen Begriff „permutare" ab und bedeutet „vertauschen" Genau das passiert beim Permutationsverfahren. Die Zeichen selber werden nicht verändert, jedoch deren Position. Zum Bsp.:

Verschlüsselung:

Abbildung 1: Permutation Chiffrierung

Bei der Verschlüsselung wird der Klartext („ICH BIN SCHUELER AM KFSG ")
nach einem Muster in ein Raster eingetragen. Danach werden die Zeichen nach
einem anderen Muster wieder ausgelesen. Führende bzw. abschließende
Leerzeichen werden mit beachtet. Somit erhält man eine Chiffre („
CHUELHCSGS I ERBINFK MA "). Der Schlüssel zur Dechiffrierung wären die
Muster, nach denen die Zeichen eingetragen bzw. ausgelesen wurden.

Entschlüsselung:

Abbildung 2: Permutation Dechiffrierung

Bei der Dechiffrierung wird die Chiffre („ CHUELHCSGS I ERBINFK MA ") nach
dem Muster nach welchem sie aus dem Raster gelesen wurde in ein gleiches
Raster wieder eingetragen. Der Klartext („ICH BIN SCHUELER AM KFSG ")

kann nun nach dem Muster, nach welchem er bei der Chiffrierung eingetragen wurde, wieder ausgelesen werden.

Das Permutationsverfahren ist nicht an das Raster und die Muster aus dem vorangegangen Beispiel gebunden. Eine einfache Form des Permutationsverfahrens wäre es den Klartext lediglich von hinten nach vorne zu lesen. Das Permutationsverfahren ist ein sehr altes Verschlüsselungsverfahren.

2.3 Substitutionsverfahren

Bei diesem Verfahren werden Bestandteile der Nachricht nach einer Vorgabe übersetzt. Das älteste bekannte Beispiel ist die Cäsar-Chiffre. Bei der Cäsar-Chiffre ist das Alphabet in welches der Klartext übersetzt wird, lediglich um 3 Stellen nach rechts verschoben. Das „A" entspräche in der Cäsar-Chiffre also dem „U".

Zum Bsp.:

A	B	C	D	E	F	G	H	I	L	M	N	O	P	Q	R	S	T	U	V	X
U	V	X	A	B	C	D	E	F	G	H	I	L	M	N	O	P	Q	R	S	T

Dem lateinischen Alphabet fehlen die 5 Buchstaben J, K, W, Y und Z.

Verschlüsselung: „ARGON" → „UODLI"

Der Klartext („ARGON") wird mithilfe der vorgegebenen Tabelle in die Chiffre („UODLI") umgewandelt.

Entschlüsselung: „UODLI" → „ARGON"

Die Chiffre („UODLI") kann analog mit der Tabelle wieder in den Klartext („ARGON") übersetzt werden.

3. Rijndael

Rijndael ist ein symmetrischer[1] Algorithmus zur Verschlüsselung von Daten. Rijndael wird auch als AES bezeichnet, wobei AES für Advanced Encryption Standard steht. AES ist der Nachfolger von DES[2]. Diese Algorithmen wurden von

---

[1]Es gibt symmetrische und asymmetrische Verschlüsselungen, bei asymmetrischen Verschlüsselungen ist der Schlüssel zur Verschlüsselung verschieden von dem zur Entschlüsselung.
[2]Data Encryption Standard

NIST [3] als Standard zur Verschlüsselung von Daten festgelegt und finden Anwendung in vielen Bereichen der Datenverschlüsselung. NIST ist eine amerikanische Institution, welche sich mit der Standardisierung von Elektronik, Algorithmen oder Biowissenschaften befasst. Diese finden ihre Anwendung in Bauteilen von Mobiltelefonen, in Software am Computer oder in der medizinischen Forschung. Der Algorithmus Rijndael wurde vom NIST in einem öffentlichen Auswahlverfahren als Nachfolger von DES bestimmt, da es der Electronic Frontier Foundation 2004 gelungen sein soll, DES mithilfe eines Brute-Force-Angriff[4] zu entschlüsseln. Der Rijndael Alogrithmus wurde von den zwei belgischen Kryptologen Joan Daemen und Vincent Rijmen entwickelt. Im Namen des Algorithmus sind Teile der Nachnamen der beiden Forscher zu finden. Der Algorithmus hat eine mögliche Schlüssellänge von 128 bit (16 Zeichen), 192 bit (24 Zeichen) oder 256 bit (32 Zeichen). Rijndael basiert auf dem Substitutionsverfahren, dem Permutationsverfahren und XOR5-Verknüpfungen. Der Klartext wird in 4 x 4 (128 Bit) Blöcke unterteilt. Die Verschlüsselung erfolgt nur Blockweise

3.1 Funktionsweise des Rijndael Algorithmus

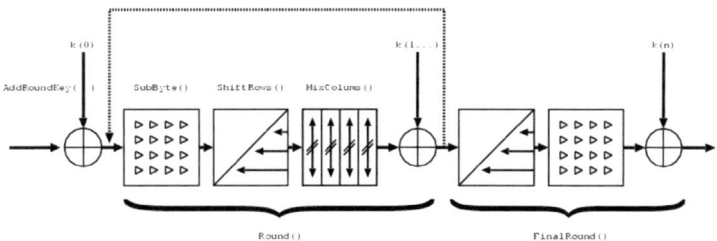

Abbildung 3: Rijndael Algorithmus

Am Anfang wird der Schlüssel mit der Funktion KeyExpansion() auf die passende Länge erweitert, d.h. auf die gleiche Länge wie der Klartext (wie in Beispiel zwei in 2.1.). Danach wird der erweiterte Schlüssel mittels der XOR-Funktion

---

[3] National Institute of Standards and Technology
[4] Bei einem Brute-Force-Angriff werden alle Einträge in einem Vorgegeben Wörterbuch als Schlüssel probiert.
[5] „exclusive or" = „exklusives Oder"; „entweder oder" - eine Form des Summenverfahrens

AddRoundKey(), welche dem Summenverfahren aus 2.1. entspricht, mit dem Klartext addiert. Das Ergebnis wird in die Funktion SubByte() überführt. In dieser Funktion werden die Bytes innerhalb eines Datenlocks von 4 x 4 mit dem Substitutionsverfahren chiffriert. SubByte() übergibt diese Chiffre an ShiftRows(). Diese Funktion nimmt Verschiebungen innerhalb des Blocks vor. Die letzten 3 Reihen werden mit unterschiedlichen Abständen nach links verschoben.

Nr. Reihe	Um x Positionen verschobe n
1	0
2	1
3	2
4	3

In diesem Schritt ändern lediglich Zeichen ihre Position, demnach ist die Funktion ShiftRows() dem Permutationsverfahren zu zuordnen. Nun wird mit der Funktion MixColums() zum zweiten Mal das Substitutionsverfahren angewendet. Jedoch anders als beim ersten Mal. Zuletzt wird der Datenblock wieder mittels der oben beschriebenen XOR-Funktion mit dem Schlüssel addiert. Jedoch nur mit einem Teil des Schlüssels, welcher abhängig von der Größe des Datenblock und der Schlüssellänge ist. Danach wiederholt sich der Algorithmus. Er beginnt bei SubByte() erneut. Dies wird als Runde bezeichnet bzw. als die Funktion Round(). Round() wird abhängig von der Schlüssellänge (10, 11 oder 13 mal) ausgeführt. Zum Abschluss der Verschlüsselung wird die Funktion FinalRound() ausgeführt, welche bewirkt das noch ein letztes Mal die Funktionen ShiftRows(), SubByte() und AddRoundKey() ausgeführt werden.

3.2   Anwendungsgebiete des Rijndael Algorithmus

Der Rijndael Algorithmus hat eine Vielzahl von Anwendungsgebieten. Am häufigsten wird er in der WLAN-Technologie eingesetzt. Natürlich ist aber auch die Anwendung zur Verschlüsselung von Dateien zur Datenarchivierung vorstellbar, wie Beispielsweise mit dem Programm TrueCrypt. Mit diesem Programm ist es jedem Anwender mit geringem Aufwand möglich, seine vertraulichsten Dateien sicher zu verschlüsseln. Außerdem kann mit Rijndael auch eine verschlüsselte Kommunikation erfolgen. So können verschlüsselte Videokonferenzen stattfinden.

4. Twofish

Mit dem Twofish Algorithmus können ebenfalls Daten verschlüsselt werden. Twofish war ein Algorithmus der von der US-Amerikanischen Firma Counterpane beim NIST als Kandidat von AES eingereicht wurde. Der Algorithmus unterstützt wie Rijndael eine Schlüssellänge von 128, 192 und 256 Bit. Dies war ein Kriterium im Auswahlverfahren vom NIST für den AES. Ich kann mir vorstellen das Twofish wegen seiner Komplexität die gewünschte Performance nicht erreicht.

4.1   Funktionsweise des Twofish Algorithmus

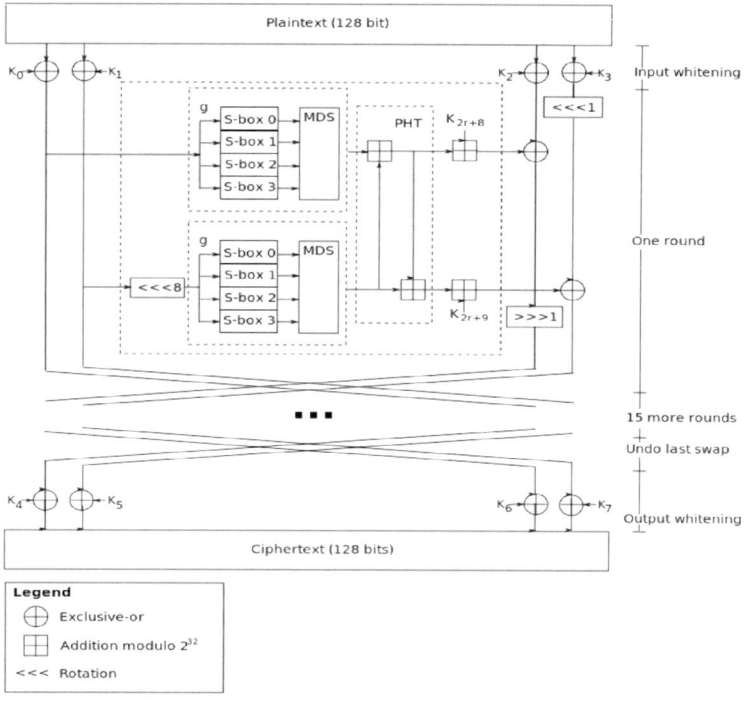

Abbildung 4: Towish Algorithmus

„Twofish is a 16-round Feistel network with a bijective F function."[6]. Der Klartext wird bei Twofish in vier Datenblöcke geteilt. Danach werden diese vier Blöcke über eine XOR-Funktion mit jeweils einem Teilschlüssel verbunden. Dieser Schritt dient der Unkenntlichmachung.

Die dabei entstehenden zwei Blöcken auf der linken Seite werden zum einen in eine bijektive[7] F-Funktion übergeben und zum anderen wechseln sie auf die rechte Seite. Die F-Funktion besteht aus Rotation, Substitutionsverfahren (S-box), Permutationsverfahren (MDS[8]-Matrix) und vierfacher Addition. Zweimal untereinander innerhalb des PHT[9] und zweimal mit jeweils einer abgeänderten Form des Schlüssels. Die zwei Blöcke, welche die F-Funktion ausgibt, werden danach mit den zwei rechten Datenblöcken über XOR verbunden und wechseln auf die linke Seite. Zudem werden die Datenblöcke vorher noch auf der rechten Seite in unterschiedlichen Varianten rotiert. Damit ist eine von 16 Runden abgeschlossen und die Prozedur beginnt erneut mit der Überführung der beiden linken Datenblöcke in die F-Funktion.

Nach Abschluss der 16. Runde werden die Datenblöcke noch ein letztes Mal mit Teilschlüsseln über XOR addiert und man erhält die Chiffre.

4.2 Anwendungsgebiete des Twofish Algorithmus

Twofish wird hauptsächlich in Open-Source-Programmen zur Festplattenverschlüsselung, Verschlüsselung von E-Mails, aber auch zur Verschlüsselung von Dateien wie in TrueCrypt angewendet. Der Algorithmus gilt als praktisch nicht zu hacken. Twofish wird hauptsächlich zur Dateiverschlüsselung verwendet, da der Algorithmus eine sehr komplexe Struktur aufweist, welche eine höhere Rechenleistung erfordert. Daher war Twofish eher ungeeignet als Nachfolger von DES.

---

[6] Bruce Schneier, John Kelsey, Doug Whiting, David Wagner, Chris Hall, Niels Ferguson; Twofish: A 128-Bit Block Cipher; Feistel Networks; S. 5
[7] eindeutig umkehrbar
[8] maximum distance separable
[9] Pseudo-Hadamard Transforms

5. Der Vergleich von Rijndael und Twofish

	Rijndael (AES)	**Twofish**
Struktur	einfach; simpel	komplex (Feistel Netzwerk)
Performance	gut, wegen einfacher Struktur, welche sich rechentechnisch gut abarbeiten lässt	schlechter, wegen komplexerer Struktur
Verfahren	XOR; Substitutionsverfahren; Permutationsverfahren	XOR; Substitutionsverfahren; Permutationsverfahren; Addition
Anwendung	Verschlüsselung von Nachrichten	Verschlüsselung von Dateien
Anfälligkeit auf Angriffe	$2^{126,1}$ Schritte (128 Bit Schlüssellänge); $2^{189,7}$ Schritte (192 Bit Schlüssellänge); $2^{254,4}$ Schritte (256 Bit Schlüssellänge)	Praktisch nicht zu entschlüsseln
Anzahl der Runden	10 Runden (128 Bit Schlüssellänge); 11 Runden (192 Bit Schlüssellänge); 13 Runden (256 Bit Schlüssellänge)	16 Runden

6. Fazit

Der vorrangegangene Vergleich verdeutlicht warum der Rijndael Algorithmus den Entscheid von NIST gewann. Rijndael besitzt eine einfache Struktur und hat eine geringere Anzahl von Runden auch bei 256 Bit Schlüssellänge. Dadurch verfügt Rijndael über eine bessere Performance als Twofish. Im Vergleich wird aber auch deutlich das Twofish der sichere Algorithmus ist.

Literaturverzeichnis

(2006). Abgerufen am 02 2016 von ABMH: http://www.abmh.de/fhs/crypt/AES2LoopAES/RST_AES.HTML/RST_AES.HT ML8x.png

(10. 08 2015). Abgerufen am 02 2016 von Wikimedia: https://upload.wikimedia.org/wikipedia/commons/thumb/e/ee/Twofishalgo.svg/7 86px-Twofishalgo.svg.png

AceBIT. (kein Datum). *Know-how-Artikel: Wie arbeitet der Verschlüsselungsalgorithmus Rijndael?* Abgerufen am 02 2016 von Passwort Depot: www.password-depot.de/know-how/blowfish_und_rijndael.htm

Hofmeier, A. (2006). *AES -- Eine Einführung in Kryptographie*. Abgerufen am 02 2016 von http://www.weblearn.hs-bremen.de/risse/RST/WS05/AES_CryptoLoop.pdf

NIST. (26. 11 2001). FIPS 197, Advanced Encryption Standard (AES). Abgerufen am 02 2016 von http://csrc.nist.gov/publications/fips/fips197/fips-197.pdf

Pawel. (19. 10 2006). *Symmetrisch, asymmetrisch? | Kryptoblog*. Abgerufen am 02 2016 von Kryptoblog: http://krypto.mufuku.de/2006-10-19/symmetrisch-asymmetrisch/

Schneier, B., Kelsey, J., Whiting, D., Wagner, D., & Hall, C. (15. 06 1998). Twofish: A 128-Bit Block Cipher. Abgerufen am 02 2016 von https://www.schneier.com/cryptography/paperfiles/paper-twofish-paper.pdf

Stobitzer, C. (kein Datum). *Geschichte der Kryptologie - Kryptografie und Kryptanalyse im Wandel der Zeit*. Abgerufen am 02 2016 von Kryptowissen: http://www.kryptowissen.de/geschichte-der-kryptographie.html

Swati. (kein Datum). *THE AES INVERSE CIPHER | Swati's Web*. Abgerufen am 02 2016 von Swati's Web: http://swati.co.in/node/50

Wikipedia. (1. 12 2015). *Permutation - Wikipedia*. Abgerufen am 02 2016 von Wikipedia: https://de.wikipedia.org/wiki/Permutation

Wikipedia. (10. 08 2015). *Twofish - Wikipedia*. Abgerufen am 02 2016 von Wikipedia: https://de.wikipedia.org/wiki/Twofish

Wikipedia. (15. 10 2015). *XOR-Gatter - Wikipedia*. Abgerufen am 02 2016 von Wikipedia: https://de.wikipedia.org/wiki/XOR-Gatter

Wikipedia. (19. 01 2016). *Advanced Encryption Standard - Wikipedia*. Abgerufen am 02 2016 von Wikipedia: https://de.wikipedia.org/wiki/Advanced_Encryption_Standard

Wikipedia. (02. 02 2016). *Feistelchiffre - Wikipedia*. Abgerufen am 02 2016 von Wikipedia: https://de.wikipedia.org/wiki/Feistelchiffre

Wikipedia. (13. 01 2016). *Kryptographie - Wikipedia*. Abgerufen am 02 2016 von Wikipedia: https://de.wikipedia.org/wiki/Kryptographie

BEI GRIN MACHT SICH IHR WISSEN BEZAHLT

- Wir veröffentlichen Ihre Hausarbeit,
  Bachelor- und Masterarbeit

- Ihr eigenes eBook und Buch -
  weltweit in allen wichtigen Shops

- Verdienen Sie an jedem Verkauf

Jetzt bei www.GRIN.com hochladen
und kostenlos publizieren